AF257562

ÉLOGE

DU

R. P. FISSIAUX

FONDATEUR ET PREMIER SUPÉRIEUR

De la Congrégation de Saint - Pierre - ès - Liens,

Chanoine honoraire de Marseille,

CHEVALIER DE LA LÉGION D'HONNEUR,

Prononcé dans la Chapelle du Pénitencier Agricole de Beaurecueil,
au moment de ses obsèques, le 7 décembre 1867,

PAR

Mgr L'ARCHEVÊQUE D'AIX.

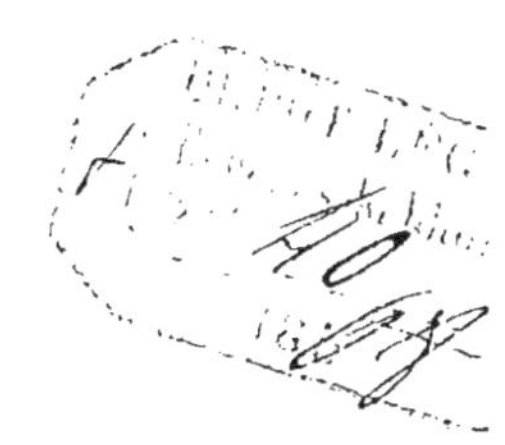

AIX	MARSEILLE
A. MAKAIRE, LIBRAIRE,	Ve CHAUFFART, LIBRAIRE,
Rue Pont-Moreau, 2,	Rue des Feuillants, 20,

1868.

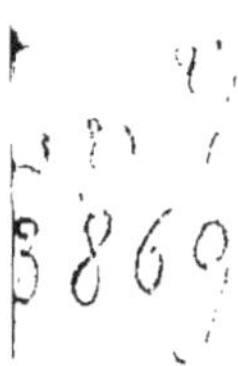

Beati qui in Domino moriuntur , opera enim illorum sequuntur illos.

Heureux ceux qui meurent dans le Seigneur, leurs œuvres les suivront (Apoc. 14. 13).

MES FRÈRES ET MES ENFANTS ,

Aux vifs regrets qui abondent dans mon cœur, se joignent de bien riches et précieux souvenirs que j'éprouve le besoin d'épancher devant vous. Ils sont très-imparfaits sans doute , je n'ai pu les recueillir que dans ma mémoire troublée par ma grande douleur. Ils seront cependant un bel éloge. Toutes les œuvres du bienheureux Prêtre que nous pleurons l'ont suivi devant Dieu; que le récit de quelques-unes d'entre elles, tout incomplet qu'il soit , fait par son Archevêque et son ami , devant son cercueil , l'accompagne à la tombe et fasse revivre dans votre mémoire ce que vous avez vu et admiré.

CHARLES FISSIAUX naquit à Aix. Son caractère naturellement vif et ardent pouvait l'entraîner aux excès du mal, mais il pouvait aussi l'entraîner aux plus larges limites du bien, et c'est ce qu'il a fait.

L'éducation du jeune enfant avait été confiée, pour son bonheur et pour celui de tant de malheureux dont il devait devenir le sauveur, à la maison déjà florissante des R.R. P.P. de la Retraite, d'abord , puis à la pieuse institution de M. Abel , que ses rares qualités élevèrent plus tard à la dignité de Vicaire Général du Diocèse. Ces bons prêtres surent dominer la pétulance du caractère, la légèreté de l'âge, et les tendances qui auraient pu devenir mauvaises; ils inspirèrent le goût de l'étude et excitèrent surtout l'esprit de foi et de piété qui devait conduire jusqu'au séminaire, celui dont il fallait alors modérer l'extrême vivacité.

Toutefois il n'y alla pas immédiatement ; il voulut, avant de prendre des engagements redoutables, s'éprouver au milieu du monde. Entré dans une maison de commerce à Marseille, il y puisa cette science des affaires qu'il sut plus tard utiliser pour les bonnes œuvres, et en même temps devenu membre de l'Association de la Jeunesse que dirigeait alors le vénérable prêtre, M. Allemand, son fondateur, il apprenait à se mettre en rapport avec les jeunes gens, à les aimer davantage, à leur donner des conseils et à se dévouer tout à eux. Pour dire ce qu'il fit et ce qu'il fut à cette époque, il suffit de rappeler que c'est de là que datent les nombreuses amitiés qu'il a eu le bonheur de conquérir dans toutes les classes de la société, qu'il a toujours conservées, et qui lui survivent encore, comme le montrent assez les regrets qui se manifestent autour de son cercueil.

Sa piété, loin de diminuer dans la vie séculière, s'accrut ; le zèle des bonnes œuvres et le besoin de s'y livrer tout entier s'accrurent aussi ; et fortifié dans les pensées auxquelles il n'avait jamais renoncé, il revint à Aix pour suivre le cours de philosophie chez les Jésuites qui dirigeaient alors le célèbre collége qui a fourni à notre ville d'éminents magistrats, de bons et remarquables prêtres, et une foule de citoyens distingués.

Son cours de philosophie terminé, le jeune étudiant entra enfin au grand séminaire. Les trois années qu'il passa dans cette maison développèrent ses aptitudes, le firent distinguer entre ses jeunes confrères, par sa facilité pour le travail, son zèle pour les œuvres extérieures, et surtout par la bonté de son cœur : c'est le souvenir qu'ils ont conservé.

Devenu prêtre, M. Fissiaux fut désigné pour être vicaire successivement de deux paroisses de Marseille qui alors faisait partie du Diocèse d'Aix. Il accomplit avec dévouement, comme on s'y attendait, les fonctions du saint ministère, et ce fut là que la Providence fit apparaître plus clairement la mission des bonnes œuvres auxquelles elle le destinait.

Le choléra vint fondre sur toute notre Provence, avec une rigueur que nos récentes épreuves n'ont point heureusement égalée. Les orphelins laissés sans ressource par le fléau furent, comme toujours, adoptés avec empressement par le clergé ; mais tel fut leur nombre que l'abbé Fissiaux, qui s'était spécialement fait remarquer par son zèle pour les secourir, fut enlevé par Mgr de Mazenod au service paroissial et spécialement chargé de les recueillir et de les soulager.

Les recueillir n'était que trop facile, car ces pauvres orphelins s'étaient abondamment multipliés dans la grande cité ; mais les soulager était une immense difficulté, et quelque généreuse que fût la charité privée, elle était loin de pouvoir suffire à tous les besoins. Une société de Dames fut organisée, et sous l'active direction de notre jeune Prêtre, elle sut trouver des ressources, ouvrir des souscriptions, créer des loteries, faire des quêtes, utiliser enfin tous les moyens que l'industrie du bien enfante chaque jour à Marseille.

Ces Dames, réunies sous le nom et la protection de la Providence, c'était beaucoup, mais pour que le bien désiré pût s'accomplir, ce n'était pas assez ; elles n'étaient libres que de leurs loisirs, et pour soigner, surveiller, instruire des orphelines, il aurait fallu leur vie tout entière. M. Fissiaux pensa alors à appeler à leur aide les Religieuses qui se vouent à donner à Dieu, dans la personne des pauvres et des enfants surtout, toute leur existence.

Alors ne se trouvaient pas dans nos contrées des Communautés aussi nombreuses qu'aujourd'hui, et ce fut au dehors que le nouveau Vincent de Paul fut obligé d'aller chercher, et eut le bonheur de trouver d'habiles et dévouées coopératrices.

Sous la pieuse et sage administration de Mgr Devie, le Diocèse de Belley avait vu s'établir, s'organiser et s'étendre la Congrégation de S. Joseph. Elle ne sortait pas alors du Diocèse, ou du moins des Diocèses les plus voisins ; elle avait même renoncé entièrement à accepter le bien à faire au dehors, mais tel fut le succès des paroles de M. Fissiaux, qu'il obtint de Mgr l'Evêque et de la Mère S. Claude, alors Supérieure générale, que pour la première fois et contrairement à leurs résolutions ils envoyassent leurs bonnes filles à des distances plus grandes ; elles vinrent sur les bords de la Méditerranée, comme pour s'essayer à franchir, ainsi qu'elles l'ont fait plus tard, l'immensité de l'Océan, et à aller fonder aux Etats-Unis ces établissements que n'ont pas épargné les guerres intestines, mais qui viennent d'être récemment pourvus par la Maison - Mère de nouvelles héroïnes de la charité. A cette époque, je venais moi-même de recevoir le plus grand honneur qui pouvait m'échoir, et sur la demande de Mgr Devie, le Prince Président de la République, usant pour la première fois du droit de nommer les Evêques, m'avait désigné pour Coadjuteur du vénérable Prélat. Sacré par celui - ci dans sa Cathédrale, je fus témoin du départ de ses filles de S. Joseph, et j'entendis les derniers conseils qu'il leur donna, mais je ne pouvais pas prévoir que la Providence me conduirait moi-même un jour dans la même province, et me permettrait de donner encore aux Sœurs de Marseille quelques conseils et des marques d'un intérêt qui était acquis pour jamais à la Congrégation.

Les services que rendirent ces bonnes Sœurs à l'Œuvre de la Providence contribuèrent à la développer ; mais comme la charité n'a pas de limites, M. Fissiaux pensa bientôt à profiter du secours qu'elles lui donnaient pour les enfants de la classe pauvre, afin d'en faire profiter également des enfants de la classe riche. Un Pensionnat supérieur, fondé par lui, leur fut confié, et son dessein n'était pas seulement de donner aux familles fortunées, le moyen de procurer à leurs filles une éducation sérieuse et chrétienne, mais encore de trouver pour ses chères Orphelines, des Patronnesses qui devraient un jour remplacer leurs mères, et accepter l'héritage de leur zèle et de leur admirable dévouement. Vous savez comme le projet a réussi.

Bientôt un troisième établissement naissait dans les pensées fécondes du bon Prêtre : c'était un asyle pour les jeunes personnes dévoyées, condamnées même par les tribunaux, et qui devaient être enfermées loin des périls dans lesquels elles avaient malheureusement succombé. La maison des filles et femmes détenues fut créée à la Madeleine et également confiée aux Sœurs de S. Joseph. Je ne saurais dire si en livrant plus tard à d'autres cet établissement, l'administration civile a obtenu des résultats plus avantageux ; mais M. Fissiaux n'était point embarrassé pour trouver l'occasion de fournir à ses religieuses du bien à faire, et en les voyant quitter une de ses maisons de Marseille, il les établissait dans les campagnes voisines pour instruire les jeunes filles et les façonner à la science élémentaire, moins encore toutefois qu'à la pratique de la vertu et aux devoirs de la famille et de leur état.

Cette vaste mission, dans laquelle celui que nous pleurons recueillait des succès si nombreux et si abondants, n'était cependant que la moindre partie de la tâche qu'il s'était imposée.

Les garçons de la classe pauvre ne pouvaient pas demeurer étrangers à son cœur ni à son zèle. Pour ceux dont la position était régulière, il lui suffit de les laisser entre les mains des excellents frères de la Doctrine Chrétienne et des autres instituteurs que possède Marseille, mais il voulut prendre pour sa part spéciale la portion la plus malheureuse, celle des pauvres jeunes gens que leur vagabondage, l'abandon de leurs familles, ou des fautes atténuées par l'inexpérience de leur âge, avaient déjà fait amener devant les Magistrats, et pour lesquels ceux-ci cherchaient des asiles destinés moins encore à les renfermer , qu'à combattre leur malheureuse tendance et leur apprendre le bien.

Ce sont ces asiles que M. Fissiaux entreprit d'ouvrir sur divers points de la France. D'abord il ouvrit à Marseille le Pénitencier dans lequel il recueillit deux cents jeunes détenus, pour s'appliquer à en former de bons Chrétiens et de bons ouvriers. Ensuite, pour améliorer un plus grand nombre de ces pauvres enfants par le travail de la campagne, il fonda dans des acquisitions successives les Pénitenciers agricoles de Beaurecueil, dans ce département, de La Cavalerie, dans le département de Vaucluse, de Ligny, dans le département de la Meuse, et récemment des îles de Lérins, dans le département du Var. Ces divers établissements prospèrent , et il est triste d'avoir à dire que celui qui promettait le plus et pour lequel l'avait spécialement appelé, en lui offrant des allocations , le gouvernement du Piémont, a été supprimé à la suite des malheureuses révolutions de ce pays.

Ce n'était pas tout, cependant , que de recueillir les tristes victimes de la jeunesse, de leur trouver les ressources matérielles , de leur fournir du travail et de leur tracer des règles ; il fallait détruire les mauvaises habitudes, assujettir à l'ordre, à la soumission , former au respect ainsi qu'à la pratique de la morale. Pour obtenir ce point le plus essentiel de tous, M. Fissiaux voulut recourir surtout à l'heureuse influence de la Religion , et civiliser par la foi et la charité. Il réduisit presque à rien les voies de rigueur, mais recourut principalement à l'instruction, aux bons conseils, et à la douceur des manières. Il usa peu de châtiments et de punitions, beaucoup d'encouragements , cherchant à réveiller le cœur endormi et à faire renaître dans des âmes malheureusement flétries les sentiments d'honneur , de générosité , d'émulation , d'amour du travail , de dévouement même et de tout espèce de bien.

Il reconnut bien vite qu'il n'était pas facile de trouver parmi de simples mercenaires des hommes comme il en avait besoin pour le seconder dans ses vues charitables. A prix d'argent il aurait pu rencontrer des surveillants plus ou moins convenables, mais ce n'était qu'en excitant la pensée chrétienne du mérite par le sacrifice qu'il pouvait trouver d'autres lui-même, avec sa compassion, sa tendresse, son abnégation, ses besoins de se faire tout à tous pour gagner à J.-C. tous les jeunes détenus. Ce projet germa longtemps dans son âme, ou plutôt dans son cœur. Dieu lui amena ce que l'appât du gain ne pouvait lui fournir : il eut le bonheur de réunir des prêtres et des laïcs généreux, et la Congrégation Religieuse de S. Pierre-ès-Liens, se consacrant aux soins des pauvres prisonniers, apparut dans l'Eglise. Non-seulement M. Fissiaux en traça les règles, en surveilla l'organisation, en choisit avec soin les sujets, les forma dans un noviciat dirigé par lui, et après l'expérience de quelques années alla à Rome pour solliciter et obtenir l'approbation du Souverain Pontife : il voulut lui-même entrer dans l'Ordre nouveau, en pratiquer les observances sévères, en revêtir l'habit, en émettre les vœux, échanger une vie douce, libre et agréable contre la vie la plus rude et la plus contraire aux tendances de la nature, et se rendre, par d'admirables exemples, pour tous ceux dont il faisait ses frères, un véritable modèle, bien plus qu'un fondateur et un supérieur.

Pourquoi ne lui a-t-il pas été permis de fonder un plus grand nombre de ces établissements qui, sous une direction vraiment chrétienne, c'est-à-dire vraiment charitable et renonçant à tout intérêt personnel, conserveraient sans doute encore, comme celui qui nous réunit, le triste nom de Pénitencier, mais se dépouilleraient au moins, avec raison, des idées fâcheuses que ce nom fait naître ? Les Pénitenciers, comme les entendait, comme les formait le R. P. Fissiaux, seraient pour les détenus la plus utile des écoles, une consolante ressource dans leur misère, une seconde maison paternelle ; mais bien préférable, mes chers enfants, à celle dans laquelle s'écoulèrent les premières années de votre vie; car ne vous ai-je pas entendu, cent fois, me parler de votre bonheur actuel, vous féliciter de ce que vous êtes devenus, sous la surveillance de nos bons Frères, leur demander de ne plus quitter cet établissement, et par ces sanglots qu'en ce moment ma voix peut à peine dominer, exprimer devant tous, de la manière la plus touchante, ce que vous sentez de juste et sensible reconnaissance pour celui que vous nommiez, que vous nommerez toujours votre père !

Au reste, ce que sont les Pénitenciers du P. Fissiaux, les rapports officiels d'un grand nombre d'Inspecteurs, la constatation que, dans l'une de leurs dernières visites, ils faisaient avec étonnement, devant moi, de la rareté des évasions parmi les détenus, le chiffre considérable des honnêtes ouvriers formés dans cette maison et rendus à la société pour y reprendre un rang convenable, n'est-ce pas de toutes les preuves la plus certaine, en faveur de l'excellence de l'œuvre ?

L'époque de la création des Pénitenciers fut, peut-être, la plus heureuse de la vie du P. Fissiaux. C'était sans doute un travail immense qu'il avait entrepris, avec une lourde responsabilité et des difficultés sans nombre, mais alors il ne se rencontrait point de ces oppositions qui, quelque avantageuse que soit une entreprise, finissent toujours par se montrer et l'atteindre. On reconnaissait généralement que si des établissements pareils existaient déjà, aucun cependant n'avait recueilli d'aussi beaux succès. Le premier, M. Lacoste, préfet des Bouches-du-Rhône, saisit toute l'importance de ce qui avait été obtenu à ses côtés : il présenta plusieurs rapports aux divers Ministres du Roi et recommanda chaudement la nouvelle entreprise. A la suite de ces rapports et de ceux des Inspecteurs, le R. P. Fissiaux dut aller à Paris. Les intérêts de ses œuvres l'y retinrent quelque temps, et on fut tellement satisfait de ses vues, de son intelligence, des ressources de son esprit et de tous les témoignages qui lui étaient unanimement rendus (*) , qu'il fut présenté au Roi et à la Reine. Marie-Amélie, sut particulièrement l'apprécier, et à dater de ce moment elle en fit le distributeur de ses aumônes en Provence. Une bien plus haute marque d'estime lui fut décernée par Louis-Philippe. A la création de l'Evêché d'Alger, ce siége lui fut offert avant d'être proposé à Mgr Dupuch. Deux fois encore des offres lui furent faites pour d'autres siéges sur le Continent ; mais notre bon Prêtre se sentait appelé à ne s'occuper que des œuvres de charité et surtout des Pénitenciers. Il était au-dessus de toute pensée d'ambition , autre que celle de contribuer humblement au bien. Il obtint de faire agréer ses refus , et en dehors de quelques amis intimes , il ne les fit pas même connaître. C'est sa mort seule qui les révèle à la plupart.

Le soin des Pénitenciers ou Colonies agricoles devait naturellement le conduire à s'occuper avez zèle de l'agriculture. Les vastes propriétés qu'il avait à exploiter par le travail des jeunes détenus l'obligèrent en effet à devenir cultivateur; elles lui firent tenter

(*) Pendant l'impression de cette notice, le hasard a mis sous nos yeux le passage ci-joint d'un ouvrage publié en 1847 , et qui montre quelle était à cette époque l'opinion générale à l'égard de M. Fissiaux.

« Préserver de la contagion la partie de la génération qui est encore
» vierge ; guérir celle qui a déjà reçu le germe du mal ; combiner la
» double loi du travail et de la charité, afin de tuer la paresse et l'égoïs-
» me , tel est, dans sa plus simple expression , le grand problême qui
» tourmente notre époque. Honneur à Marseille qui en demande la solu-
» tion au Christianisme, le seul économiste capable de la donner efficace
» et complète ! Honneur à l'homme éclairé, (M. Fissiaux), qui poursuit
» ce noble but avec un dévouement digne de tout éloge ; puisse-t-il avoir
» en France beaucoup d'imitateurs ! A quiconque se sent le désir con-
• sciencieux de cicatriser quelques-unes des plaies ds la société, les éco-
» les d'enfants et d'adultes, l'hospice des orphelines , l'œuvre de la jeu-
» nesse chrétienne, les pénitenciers de Marseille peuvent servir d'encou-
» ragement et de modèle. » (Les Trois Rome , par l'abbé Gaume , 1.
49).

de grandes et hardies expériences , et malgré quelques déceptions inévitables dans l'exploitation des nouvelles cultures , il parvint, en définitive, à de remarquables succès. L'un des avantages les plus utiles et les plus doux à son cœur qu'il obtint, ce fut d'entrer en rapport avec vous et d'assister à vos réunions , Messieurs les Membres de la Société d'Agriculture , qui , après l'avoir éclairé par votre expérience et vos conseils , avez bien voulu le croire digne de joindre ses observations aux vôtres. Il fut touché du choix que vous fîtes de lui pour votre Vice-Président. Nous le sommes aujourd'hui vivement nous-même de l'amitié que vous lui témoignez et des hommages que vous accordez à sa mémoire en accompagnant ses dépouilles mortelles jusqu'à la tombe , malgré la distance qui nous sépare de Marseille , en faisant entendre par la bouche de votre honorable Président un bel et sympathique adieu, en déposant sur son cercueil une exceptionnelle couronne, et surtout en répandant ces pleurs qui l'honorent et vous honorent aussi.

Vous me permettrez de rappeler les médailles qui lui furent décernées dans les comices , en si grand nombre , qu'il dut désormais renoncer à y prendre part , comme concurrent. En retour il fut chaque année désigné par le Gouvernement pour juger les concours départementaux , et cette année même pour aller prendre part à l'exposition universelle, au grand jury de l'Agriculture. C'est à titre d'agriculteur qu'il a reçu la Croix d'Honneur, tristement déposée en ce moment sur le voile funèbre qui le recouvre , comme la couronne de lauriers placée sur la tombe d'un héros ; mais que sont donc ces médailles , cette décoration , ces éloges, en face de ces rochers de Beaurecueil , changés par le R. P. Fissiaux en un si riche et si magnifique domaine , et de ces eaux abondantes réunies par lui avec tant d'intelligence et d'habileté , non pas seulement pour le plaisir des yeux, mais bien surtout pour la fécondité des campagnes ? N'avez-vous pas dit, devant nous, qu'il a fait verdir plus que les terres desséchées de la Provence, mais les pierres elles-mêmes ? et n'a-t-il pas donné à l'aridité du désert la richesse des plaines les plus fertiles ?

Homme aux grandes idées et embellissant tout ce qui était confié à ses soins, aurait - il à se reprocher d'avoir montré un espèce de luxe dans la construction ou les réparations de ses divers établissements ? Je ne crains pas de rappeler l'état dans lequel il laisse les Maisons de Beaurecueil, de La Cavalerie et de Ligny ; il les a rendues, il est vrai, aussi splendides que peuvent le comporter des bâtiments destinés à être des asiles pour une classe accoutumée à de continuelles privations : dortoirs vastes et aérés, salles convenables pour la destination variée de chacune d'elles, communications larges et faciles, cours spacieuses et ombragées pour les récréations ; et qui oserait se plaindre qu'en cela il ait trop fait ? Quelques - uns, à la vérité, l'ont accusé d'avoir bâti un palais pour le Pensionnat de Saint-Joseph à Marseille ; mais si partout, depuis quelques années, s'élèvent dans cette ville des constructions monumentales ; si les familles, après avoir construit des palais pour elles-mêmes, en veulent aussi pour leurs filles ; si quelques personnes semblent faire de la richesse des bâtiments comme une condition absolue dans le choix de l'éducation à donner à leurs enfants, est - il si étonnant que le R. P. Fissiaux ait renoncé, pour les autres, à la pauvreté qu'il acceptait et pratiquait pour lui ? Ah ! plaignons - nous plutôt qu'une mort trop hâtive l'ait empêché d'achever les constructions qu'il préparait à Lérins pour offrir un asile aux prêtres infirmes qui seraient venus y chercher un climat plus doux. L'ancien monastère n'aurait pas retrouvé sans doute toute la magnificence de ses jours anciens ; mais relevé de ses ruines, il aurait offert aux malades une habitation commode, aux esprits fatigués un lieu paisible de repos et d'étude, à la curiosité des voyageurs un nouveau but de pèlerinage , et pour son pieux restaurateur un sujet de plus de justes éloges.

Ce fut , au reste , pour le culte Divin qu'il réserva surtout , comme Salomon, la richesse de ses épargnes et l'élégance de ses plans. La chapelle dans laquelle je préside à ses tristes obsèques en est la preuve palpable à vos yeux; il en est une autre preuve plus palpable encore à vos souvenirs , dans la chapelle de S. Joseph à Marseille.

Mais pendant que je m'oublie en parlant de ses œuvres, pourrais-je donc m'oublier encore en ne parlant pas des vertus qu'il sut faire paraître dans tout le cours de sa vie ? A Dieu ne plaise! Et quel besoin de vous rappeler ce qui est inscrit si profondément dans votre mémoire et dans votre cœur. Quel besoin d'essayer de vous dire ce que vous ont dit bien mieux les exemples qu'il vous donnait chaque jour , son esprit de foi, sa piété profonde , sa charité se revêtant de toutes les formes , son exactitude à ses devoirs de prêtre, sa fermeté dans le commandement , sa facilité pour le pardon mérité , sa douceur gagnée à force de victoires sur lui-même , sa soumission à tous ses supérieurs, son dévouement au Pape, son courage dans les épreuves, sa modestie dans le succès.

A son habileté dans ses calculs, dans ses projets, et pourquoi ne pas le dire , dans ses spéculations même , il doit les ressources qu'il laisse pour le bien à ses Congrégations ; à ses qualités personnelles , il doit l'éloge des larmes que vous versez ; à ses vertus, il doit une plus belle récompense, celle dont, je l'espère, il jouit déjà devant Dieu.

Sa mort a été subite : elle n'a pas heureusement été imprévue ; il l'avait préparée par toute sa vie sacerdotale, sa vie charitable, sa vie d'apôtre , mais d'apôtre par les œuvres plus que par la parole. Quelques minutes seulement ont séparé l'apparence du danger , du moment fatal ; mais sa dernière parole a été une parole de foi, une parole d'humilité, une parole de contrition : *Donnez-moi vite l'absolution, je meurs !*

O cher ami, ô bon Prêtre, ô Père vénéré et chéri de tous ceux qui m'entourent ; oui, je l'espère, l'absolution que vous avez reçue du prêtre, elle est descendue du Ciel, et Jésus - Christ a effacé du Livre de vie et de mort, toutes ces taches dont ne peut se garantir entièrement notre commune faiblesse. Le Père des miséricordes a reçu dans son sein l'instrument de ses miséricordes. Vous êtes mort dans le Seigneur, et vos œuvres vous ont sauvé à son tribunal de justice !

Et cependant, mes Frères, prions pour lui, et continuons longtemps ces prières que nous imposent la foi et la reconnaissance. Si nos vœux humblement présentés au Juge suprême, pouvaient contribuer à hâter le moment de la récompense éternelle, c'est pour nous-mêmes que nous aurions prié, et admis devant le trône de Dieu, votre Père vous continuerait une protection plus efficace encore que celle dont il vous environnait sur la terre.

Déjà, je le pense, nos sollicitations ont été accueillies, car à nos prières se mêlaient ses bonnes œuvres qui, au jugement des anges, et d'après ce que nous rapportent nos Saints Livres, sont aussi une puissante prière.

Bienfaiteur de nos communautés, de nos œuvres, de nos chers enfants, bénissez-les encore, bénissez-les toujours comme vous les bénissiez sur la terre. Que tous leurs besoins, plus manifestes à votre cœur, devenu encore plus sensible et plus généreux que lorsqu'il battait à nos côtés, soient le continuel objet de votre intercession auprès de Dieu.

Obtenez pour la Congrégation de S. Pierre-ès-liens, que vous avez fondée, l'accroissement qui lui permettra de continuer l'œuvre qui possédait vos plus vives sympathies, et plus encore la concorde et l'union de tous ses membres, la conservation de l'esprit de foi, de régularité, et de dévouement qui la dirige, et pour chacun de ses membres , l'augmentation de mérites par l'augmentation des vertus .

Obtenez pour la Congrégation de S. Joseph ce que demandera avec vous son vénérable fondateur , le pieux Evêque qui fut votre ami sur la terre , et qui maintenant vous est uni bien davantage dans le Ciel ; obtenez qu'elle remplisse toujours avec un nouveau zèle la belle mission qui lui a été confiée , et que toutes les Sœurs deviennent de jour en jour plus dignes d'être comptées parmi les fidèles et saintes Religieuses !

Obtenez pour ces Pensionnats, ces Ecoles, ces Asiles qui sont et resteront toujours les vôtres, les grâces qui les maintiendront dans l'heureux état où vous les laissez. Que vos enfants, à quelque classe qu'ils appartiennent, grandissent en sagese comme le divin Enfant de Bethléem, à mesure qu'ils avanceront en âge : qu'ils pratiquent toujours la piété envers Dieu , la soumission à leurs maîtres, la fidélité aux règlements que vous leur avez vous-même donnés ; qu'ils persévèrent à jamais dans le bien , et que , rendus à leurs familles, ils se montrent toujours dignes de vous.

Obtenez enfin pour nous tous , réunis dans cette Chapelle pour offrir à vos dépouilles mortelles le dernier adieu, obtenez-nous les grâces dont vous savez maintenant le besoin secret. Que notre attachement , commencé sur la terre , se consomme dans le Ciel ! Nous avons foi dans vos prières , car nous nous rappelons, en terminant , les paroles par lesquelles nous commencions, et qui nous assurent que vous jouissez déjà de l'éternelle récompense :

« Heureux ceux qui meurent dans le Seigneur, car leurs œuvres les accompagnent. » Ainsi soit-il.